Impressum
Verlag: BABADADA GmbH, Nedderfeld 112 , 22529 Hamburg
Geschäftsführer / Verlagsleitung: Harald Hof
Druck: Books on Demand GmbH, In de Tarpen 42, 22848 Norderstedt

Imprint
Publisher: BABADADA GmbH, Nedderfeld 112 , 22529 Hamburg, Germany
Managing Director / Publishing direction: Harald Hof
Print: Books on Demand GmbH, In de Tarpen 42, 22848 Norderstedt

school
koulu

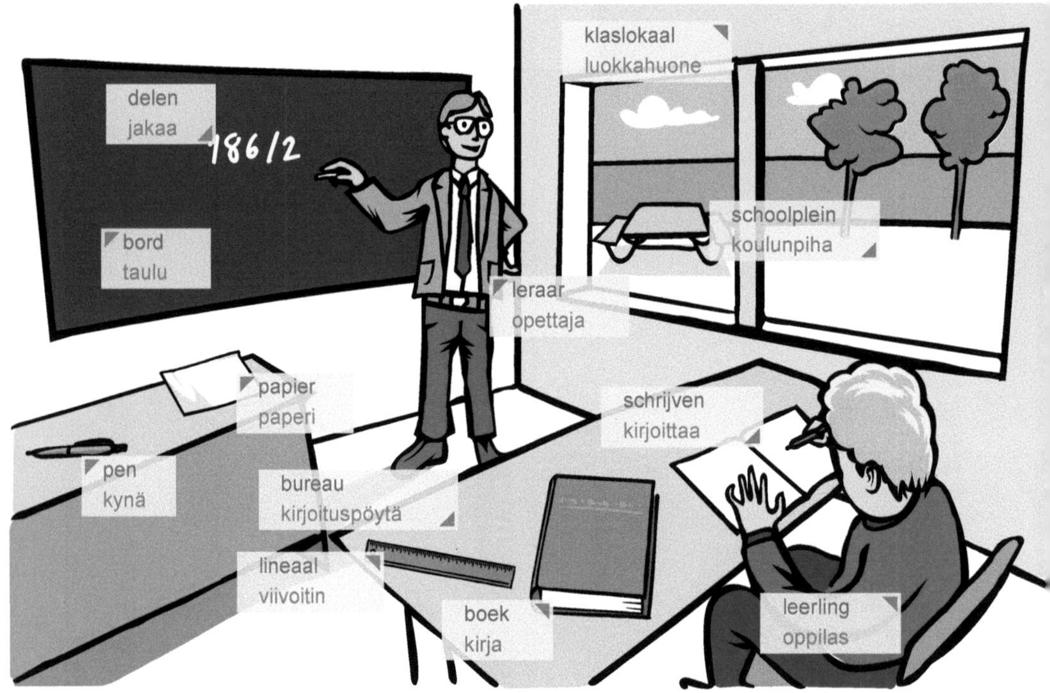

klaslokaal
luokkahuone
delen
jakaa
186/2
bord
taulu
schoolplein
koulunpiha
leraar
opettaja
papier
paperi
schrijven
kirjoittaa
pen
kynä
bureau
kirjoituspöytä
lineaal
viivoitin
boek
kirja
leerling
oppilas

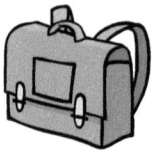

schooltas

reppu

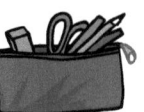

etui

penaali

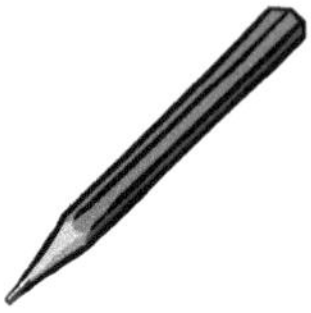

potlood

lyijykynä

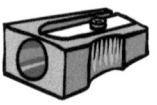

puntenslijper

kynänteroitin

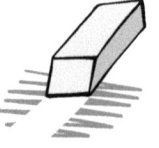

gum

pyyhekumi

schetsblok

piirustuslehtiö

tekening
piirustus

penseel
pensseli

verfdoos
vesivärit

schaar
sakset

lijm
liima

schrift
harjoituskirja

huiswerk
kotitehtävä

getal
luku

optellen
lisätä

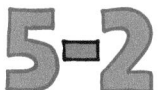

aftrekken
vähentää

vermenigvuldigen
kertoa

rekenen
laskea

letter
kirjain

alfabet
aakkoset

woord
sana

tekst

teksti

lezen

lukea

krijt

liitu

les

oppitunti

klassenboek

opettajan muistikirja

examen

koe

diploma

todistus

schooluniform

koulupuku

opleiding

koulutus

encyclopedie

sanakirja

universiteit

yliopisto

microscoop

mikroskooppi

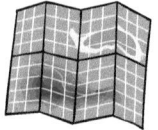

kaart

kartta

prullenmand

roskakori

reis
matka

hotel
hotelli
Grand
hostel
retkeilymaja
ROOMS
wisselkantoor
rahanvaihto
CHANGE
koffer
matkalaukku
auto
auto

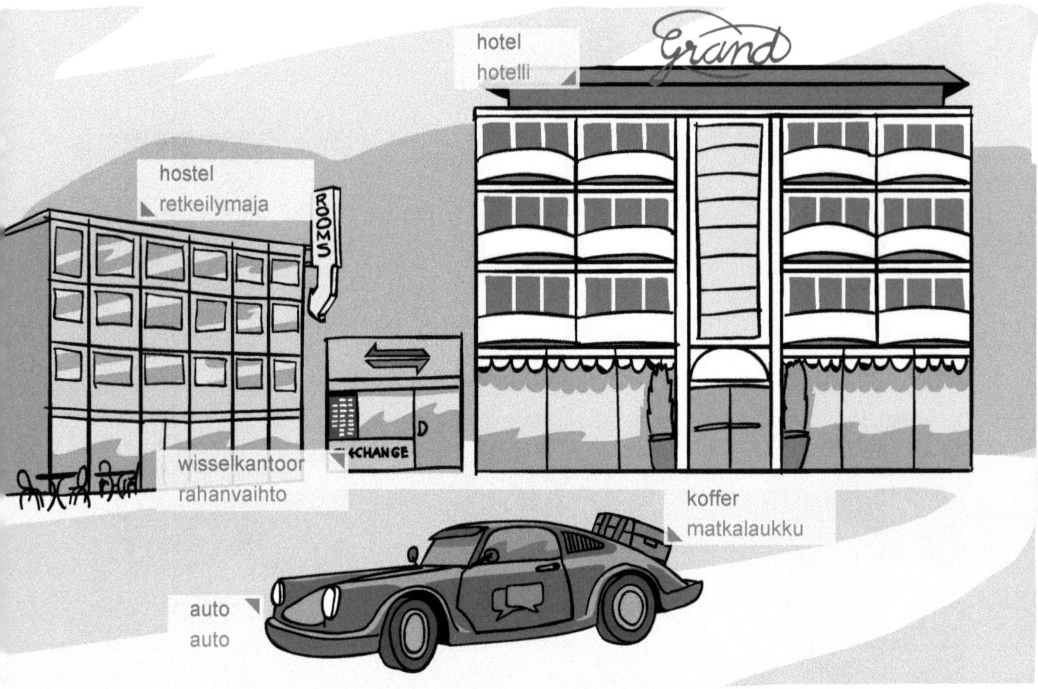

taal
kieli

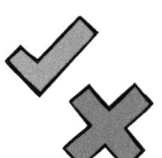

ja / nee
kyllä / ei

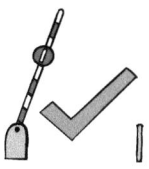

oké
selvä

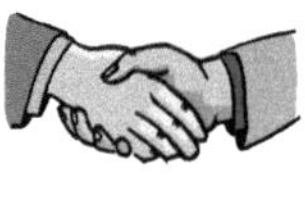

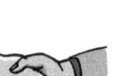

Hallo!
hei

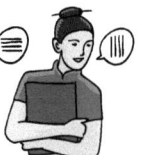

tolk
tulkki

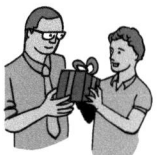

Bedankt.
kiitos

Wat kost ...?

Paljonko...maksaa?

Ik begrijp het niet.

en ymmärrä

probleem

ongelma

Goedenavond!

Hyvää iltaa!

Goedemorgen!

Hyvää huomenta!

Goedenacht!

Hyvää yötä!

Tot ziens!

näkemiin

richting

suunta

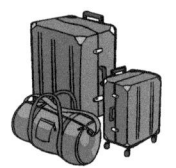

bagage

matkatavarat

tas

laukku

rugzak

reppu

gast

vieras

kamer

huone

slaapzak

makuupussi

tent

teltta

VVV-kantoor

turisti-info

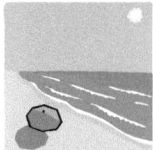

strand

ranta

creditkaart

luottokortti

ontbijt

aamupala

lunch

lounas

diner

päivällinen

kaartje

matkalippu

lift

hissi

postzegel

postimerkki

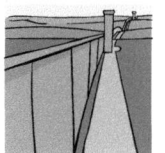

grens

raja

douane

tulli

ambassade

suurlähetystö

visum

viisumi

paspoort

passi

reis - matka

7

transport
kuljetus

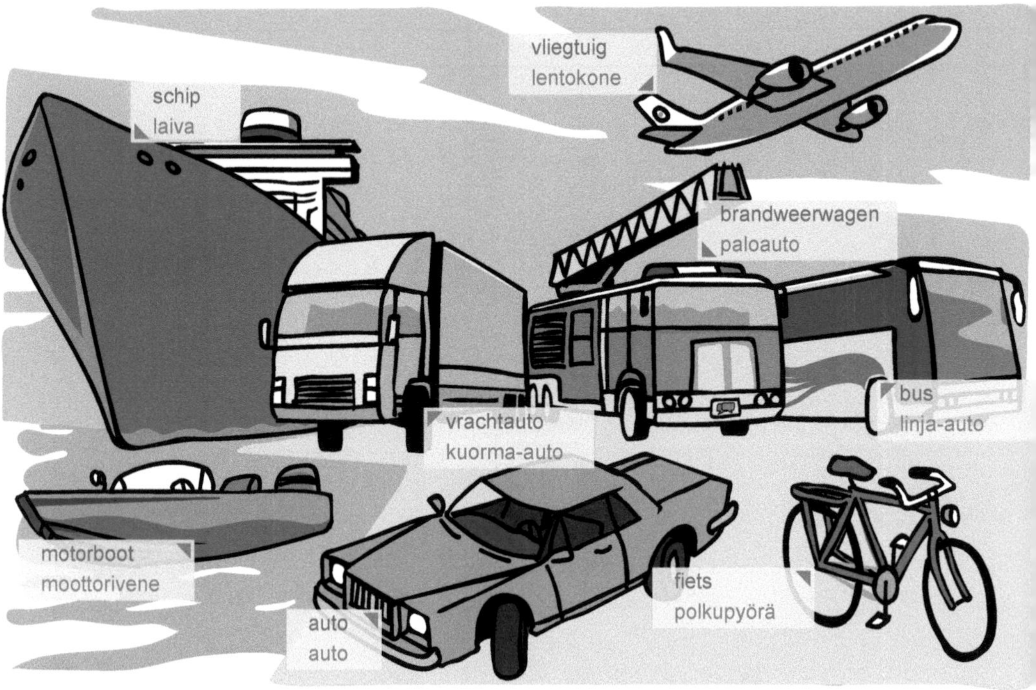
vliegtuig
lentokone
schip
laiva
brandweerwagen
paloauto
bus
linja-auto
vrachtauto
kuorma-auto
motorboot
moottorivene
fiets
polkupyörä
auto
auto

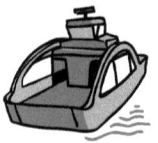

veerboot
lautta

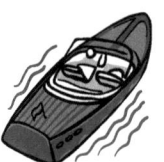

boot
vene

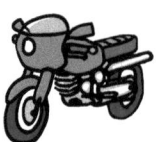

motorfiets
moottoripyörä

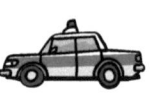

politiewagen
poliisiauto

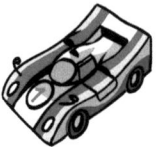

raceauto
kilpa-auto

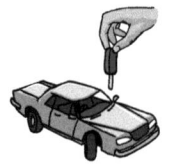

huurauto
vuokra-auto

carsharing

car sharing

takelwagen

hinausauto

vuilniswagen

roska-auto

motor

moottori

benzine

polttoaine

benzinepomp

huoltoasema

verkeersbord

liikennemerkki

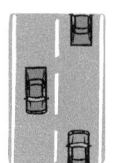

verkeer

liikenne

file

ruuhka

parkeerplaats

parkkipaikka

station

rautatieasema

rails

raiteet

trein

juna

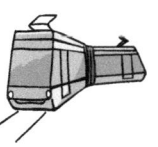

tram

raitiovaunu

wagon

vaunu

helikopter

helikopteri

luchthaven

lentokenttä

toren

lähilennonjohto

passagier

matkustaja

container

kontti

verhuisdoos

pahvilaatikko

kar

kärryt

mand

kori

opstijgen / landen

nousta / laskea

stad

kaupunki

dorp

kylä

stadscentrum

keskusta

huis

talo

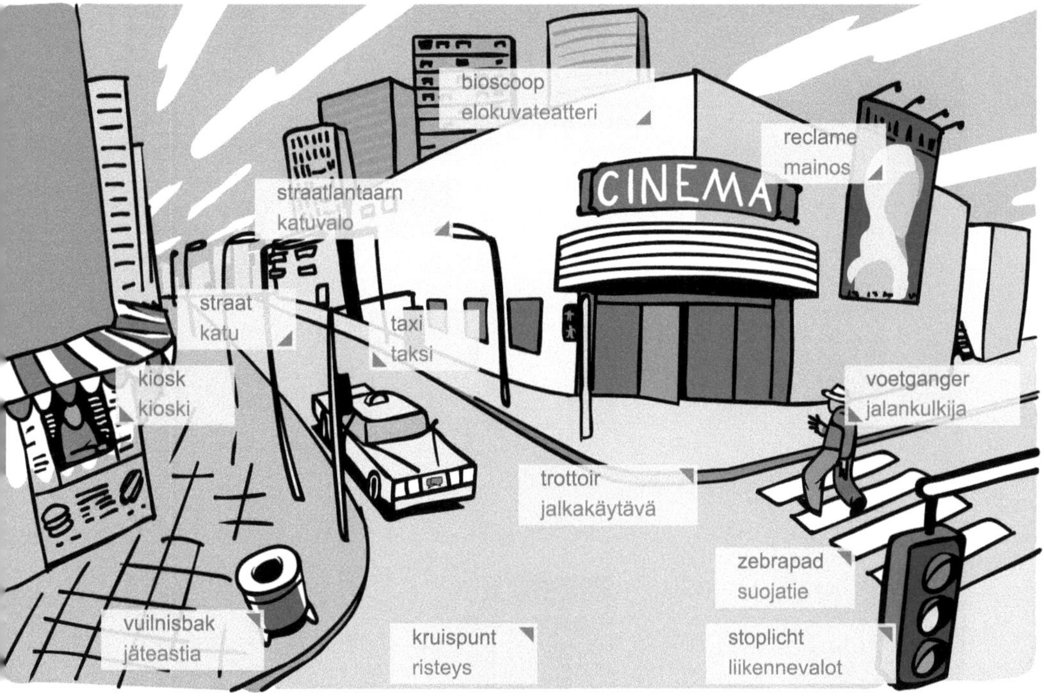
bioscoop
elokuvateatteri
CINEMA
reclame
mainos
straatlantaarn
katuvalo
straat
katu
taxi
taksi
kiosk
kioski
voetganger
jalankulkija
trottoir
jalkakäytävä
zebrapad
suojatie
vuilnisbak
jäteastia
kruispunt
risteys
stoplicht
liikennevalot

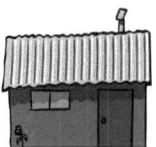

hut

mökki

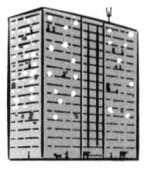

appartement

kerrostalo

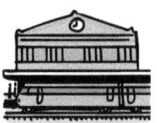

station

rautatieasema

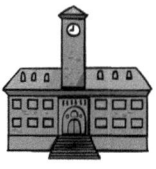

stadhuis

kaupungintalo

MUSEUM

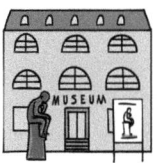

museum

museo

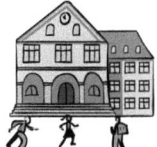

school

koulu

universiteit

yliopisto

bank

pankki

ziekenhuis

sairaala

hotel

hotelli

apotheek

apteekki

kantoor

toimisto

boekenwinkel

kirjakauppa

winkel

liike

bloemenwinkel

kukkakauppa

supermarkt

supermarketti

markt

tori

warenhuis

tavaratalo

visboer

kalakauppias

winkelcentrum

ostoskeskus

haven

satama

park

puisto

bank

penkki

brug

silta

trap

portaat

metro

metro

tunnel

tunneli

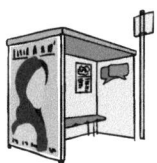

bushalte

linja-autopysäkki

bar

baari

restaurant

ravintola

brievenbus

postilaatikko

straatnaambord

katukyltti

parkeermeter

parkkimittari

dierentuin

eläintarha

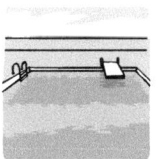

zwembad

uimala

moskee

moskeija

stad - kaupunki

boerderij
maatila

vervuiling
ympäristön saastuminen

begraafplaats
hautausmaa

kerk
kirkko

speelplaats
leikkikenttä

tempel
temppeli

landschap
maisema

blad
lehti

wegwijzer
tienviitta

weg
tie

weide
niitty

steen
kivi

boom
puu

wandelaar
retkeilijä

rivier
joki

gras
ruoho

bloem
kukka

vallei
laakso

berg
vuori

meer
järvi

bos
metsä

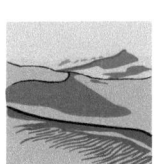

woestijn
aavikko

vulkaan
tulivuori

kasteel
linna

regenboog
sateenkaari

paddenstoel
sieni

palmboom
palmu

mug
hyttynen

vlieg
kärpänen

mier
muurahainen

bij
mehiläinen

spin
hämähäkki

kever

kovakuoriainen

kikker

sammakko

eekhoorn

orava

egel

siili

haas

jänis

uil

pöllö

vogel

lintu

zwaan

joutsen

wild zwijn

villisika

hert

peura

eland

hirvi

stuwdam

pato

windmolen

tuulimylly

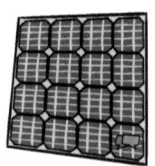

zonnepaneel

aurinkopaneeli

klimaat

ilmasto

restaurant
ravintola

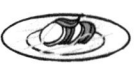

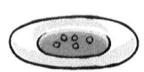

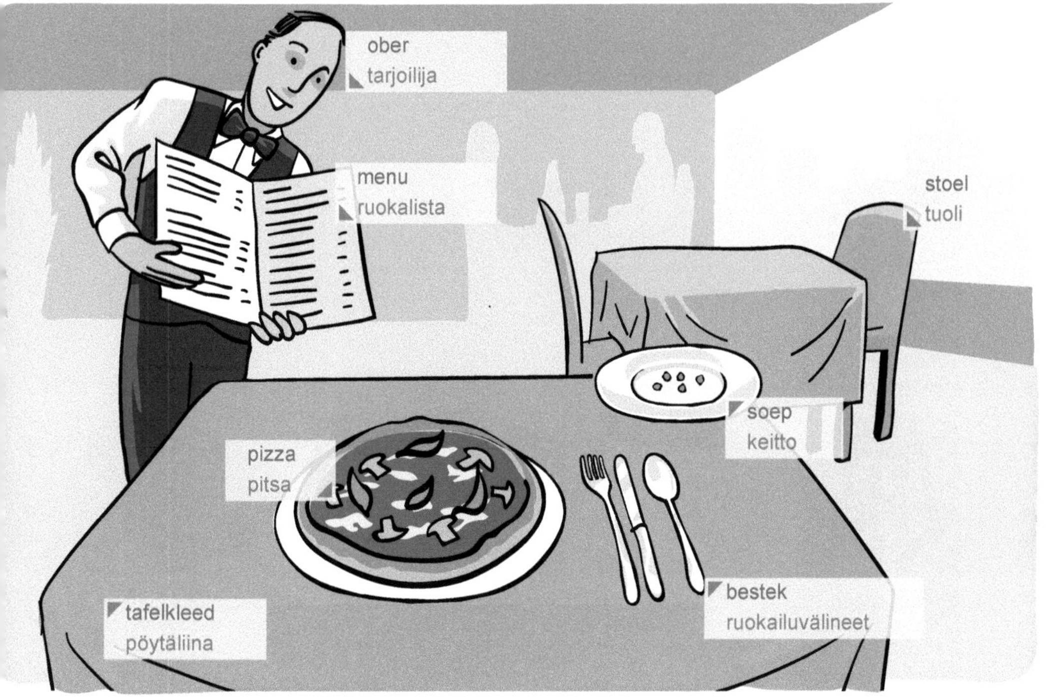
ober
tarjoilija
menu
ruokalista
stoel
tuoli
soep
keitto
pizza
pitsa
bestek
ruokailuvälineet
tafelkleed
pöytäliina

voorgerecht

alkuruoka

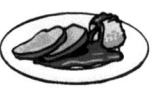

hoofdgerecht

pääruoka

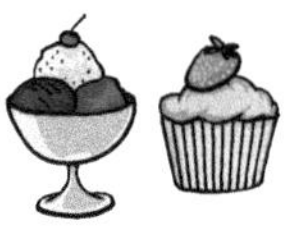

toetje

jälkiruoka

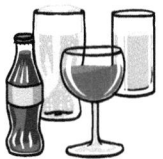

dranken

juomat

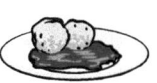

eten

ruoka

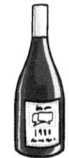

fles

pullo

fastfood

pikaruoka

eetkraampje

katuruoka

theepot

teekannu

suikerpot

sokeriastia

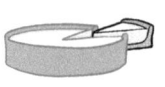

portie

annos

espressomachine

espressokeitin

kinderstoel

syöttötuoli

rekening

lasku

dienblad

tarjotin

mes

veitsi

vork

haarukka

lepel

lusikka

theelepel

teelusikka

servet

servietti

glas

lasi

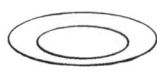

bord
lautanen

soepbord
syvä lautanen

schotel
aluslautanen

saus
kastike

zoutvaatje
suolasirotin

pepermolen
pippurimylly

azijn
etikka

olie
öljy

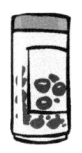

kruiden
mausteet

ketchup
ketsuppi

mosterd
sinappi

mayonaise
majoneesi

supermarkt
supermarketti

aanbieding
tarjous
FOR
klant
asiakas
zuivelproducten
maitotuotteet
fruit
hedelmät
winkelwagen
ostoskärryt

BUTCHERS

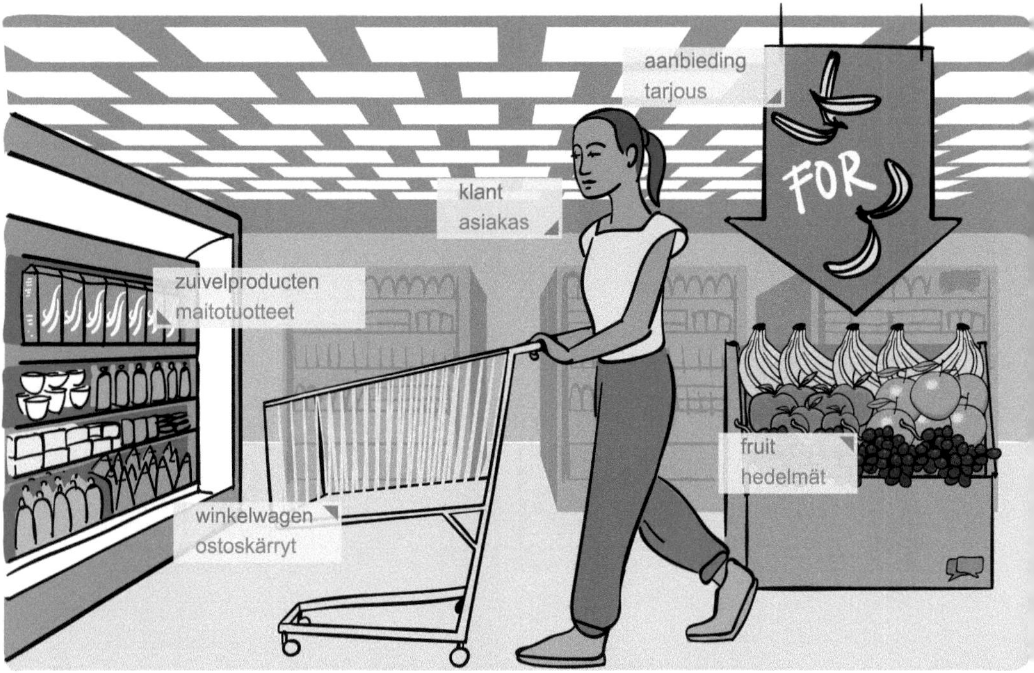

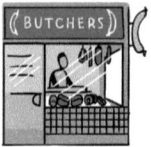

slager
teurastamo

BAKERY

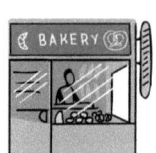

bakkerij
leipomo

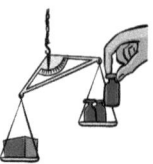

wegen
punnita

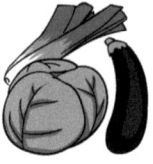

groente
kasvikset

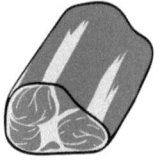

vlees
liha

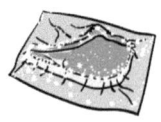

diepvriesproducten
pakasteet

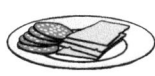

vleeswaren

leikkele

conserven

säilykkeet

wasmiddel

pesujauhe

snoepgoed

makeiset

huishoudelijke artikelen

kotitaloustarvikkeet

schoonmaakmiddel

puhdistusaineet

verkoopster

myyjä

kassa

kassa

kassier

kassanhoitaja

boodschappenlijstje

ostoslista

openingstijden

aukioloajat

portefeuille

lompakko

creditkaart

luottokortti

tas

kassi

plastic zak

muovipussi

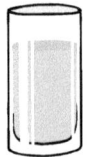

water

vesi

sap

mehu

melk

maito

cola

kokis

wijn

viini

bier

olut

alcohol

alkoholi

chocolademelk

kaakao

thee

tee

koffie

kahvi

espresso

espresso

cappuccino

cappuccino

banaan

banaani

appel

omena

sinaasappel

appelsiini

watermeloen

meloni

citroen

sitruuna

wortel

porkkana

knoflook

valkosipuli

bamboe

bambu

ui

sipuli

paddenstoel

sieni

noten

pähkinät

pasta

spagetti

spaghetti

spagetti

rijst

riisi

salade

salaatti

friet

ranskalaiset

gebakken aardappelen

paistetut perunat

pizza

pitsa

hamburger

hampurilainen

sandwich

voileipä

schnitzel

leike

ham

kinkku

salami

salami

worst

makkara

kip

kana

gebraad

paisti

vis

kala

havermout
kaurahiutaleet

muesli
mysli

cornflakes
murot

meel
jauho

croissant
voisarvi

broodjes
sämpylä

brood
leipä

toast
paahtoleipä

koekjes
keksit

boter
voi

kwark
rahka

taart
kakku

ei
kananmuna

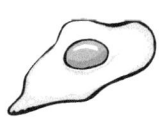

gebakken ei
paistettu kananmuna

kaas
juusto

ijs
jäätelö

suiker
sokeri

honing
hunaja

jam
hillo

chocoladepasta
suklaapähkinälevite

kerrie
curry

boerderij
maatila

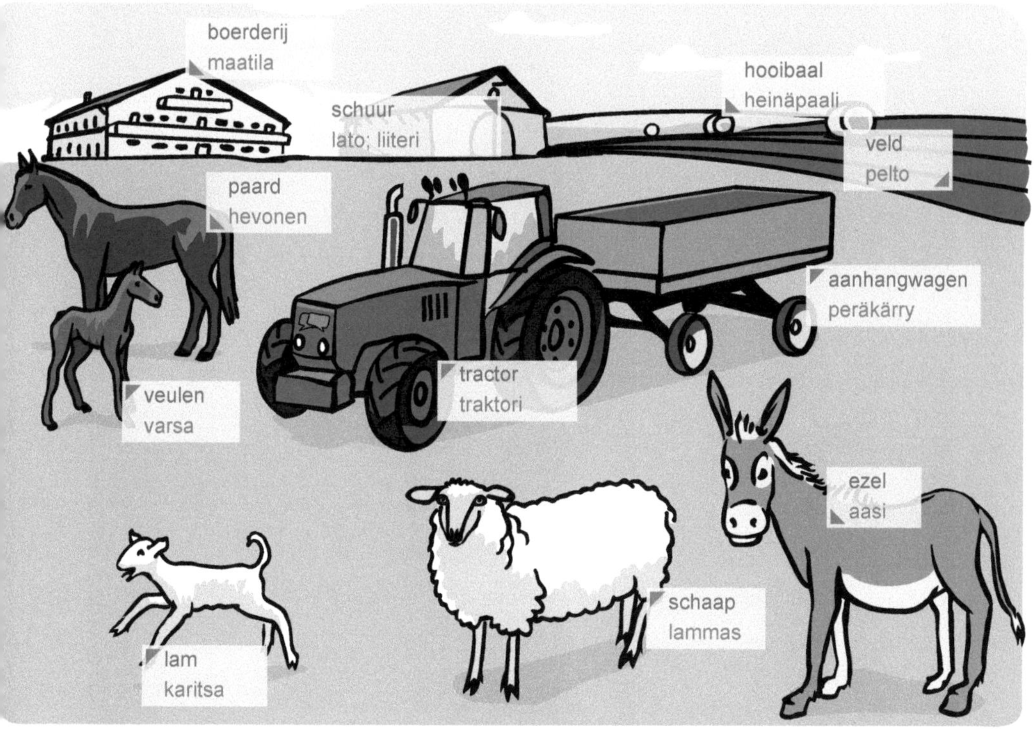
boerderij
maatila
schuur
lato; liiteri
hooibaal
heinäpaali
veld
pelto
paard
hevonen
aanhangwagen
peräkärry
tractor
traktori
veulen
varsa
ezel
aasi
schaap
lammas
lam
karitsa

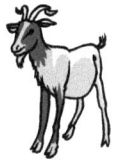

geit
vuohi

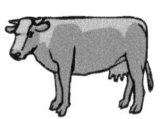

koe
lehmä

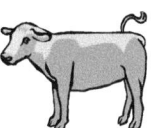

kalf
vasikka

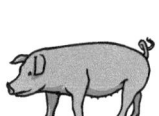

varken
sika

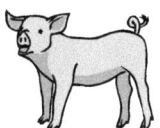

big
porsas

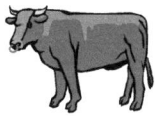

stier
sonni

gans
hanhi

eend
ankka

kuiken
tipu

kip
kana

haan
kukko

rat
rotta

kat
kissa

muis
hiiri

os
härkä

hond
koira

hondenhok
koirankoppi

tuinslang
puutarhaletku

gieter
kastelukannu

zeis
viikate

ploeg
aura

sikkel

sirppi

schoffel

kuokka

hooivork

talikko

bijl

kirves

kruiwagen

kottikärryt

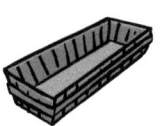

trog

kaukalo

melkbus

maitokannu

zak

säkki

hek

aita

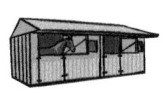

stal

talli

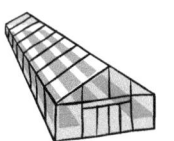

broeikas

kasvihuone

grond

maa

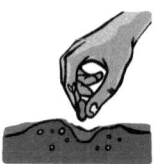

zaad

siemen

mest

lannoite

maaidorser

leikkuupuimuri

oogsten

kerätä sato

oogst

sato

yam

jamssit

tarwe

vehnä

soja

soija

aardappel

peruna

maïs

maissi

koolzaad

rypsi

fruitboom

hedelmäpuu

maniok

maniokki

granen

vilja

huis
talo

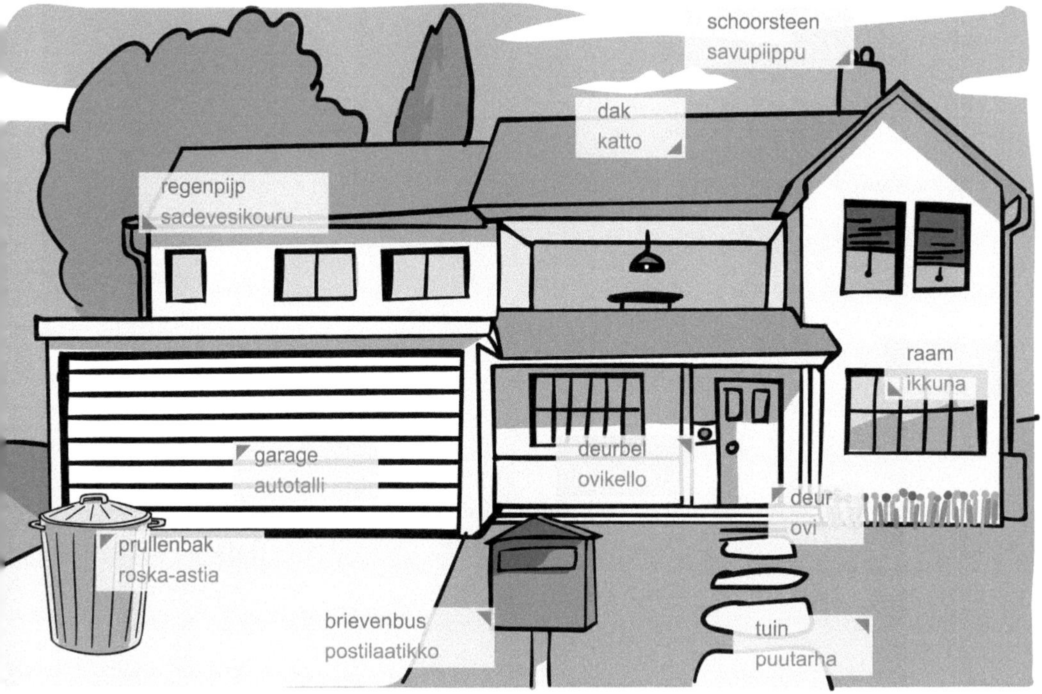
schoorsteen
savupiippu
dak
katto
regenpijp
sadevesikouru
raam
ikkuna
garage
autotalli
deurbel
ovikello
deur
ovi
prullenbak
roska-astia
brievenbus
postilaatikko
tuin
puutarha

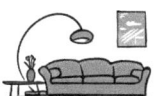

woonkamer
olohuone

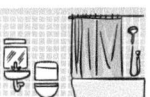

badkamer
kylpyhuone

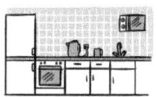

keuken
keittiö

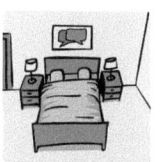

slaapkamer
makuuhuone

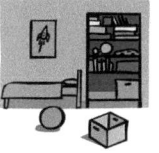

kinderkamer
lastenhuone

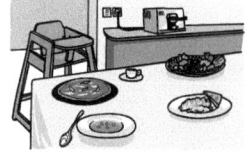

eetkamer
ruokahuone

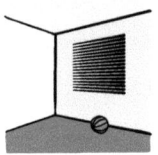

vloer

lattia

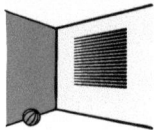

muur

seinä

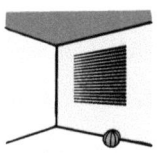

plafond

katto

kelder

kellari

sauna

sauna

balkon

parveke

terras

terassi

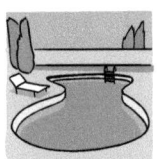

zwembad

uima-allas

grasmaaier

ruohonleikkuri

laken

lakana

bedsprei

päiväpeitto

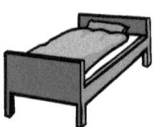

bed

sänky

bezem

harja

emmer

ämpäri

schakelaar

katkaisin

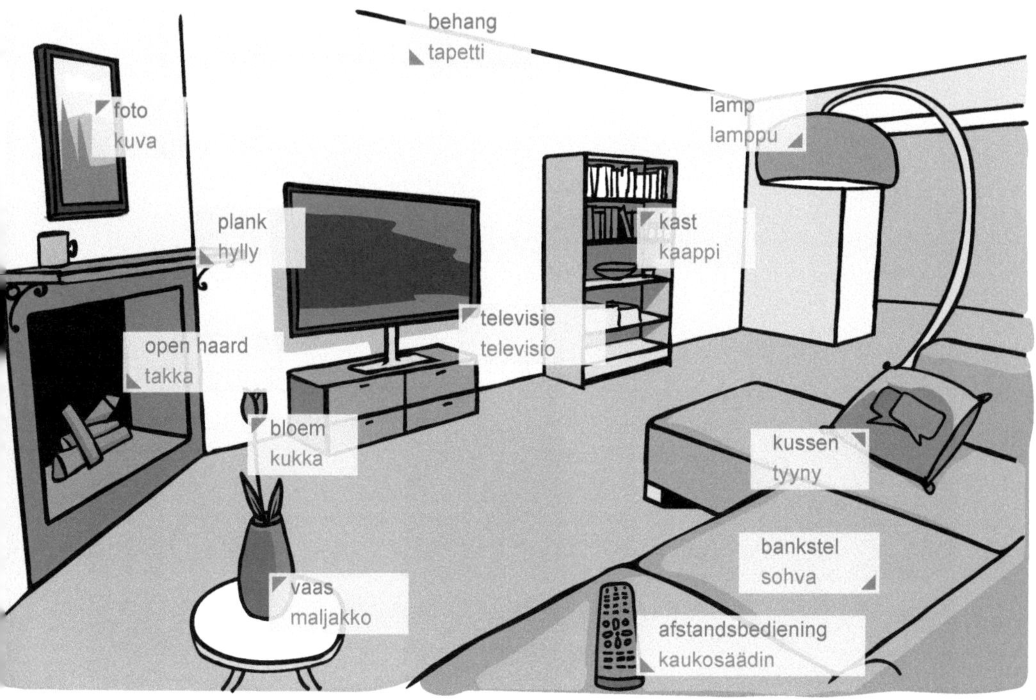

behang
tapetti

foto
kuva

lamp
lamppu

plank
hylly

kast
kaappi

open haard
takka

televisie
televisio

bloem
kukka

kussen
tyyny

vaas
maljakko

bankstel
sohva

afstandsbediening
kaukosäädin

tapijt	gordijn	tafel
matto	verho	pöytä

stoel	schommelstoel	stoel
tuoli	keinutuoli	nojatuoli

boek

kirja

deken

peitto

decoratie

koriste

brandhout

polttopuut

film

elokuva

stereo-installatie

stereot

sleutel

avain

krant

sanomalehti

schilderij

maalaus

poster

juliste

radio

radio

kladblok

muistivihko

stofzuiger

pölynimuri

cactus

kaktus

kaars

kynttilä

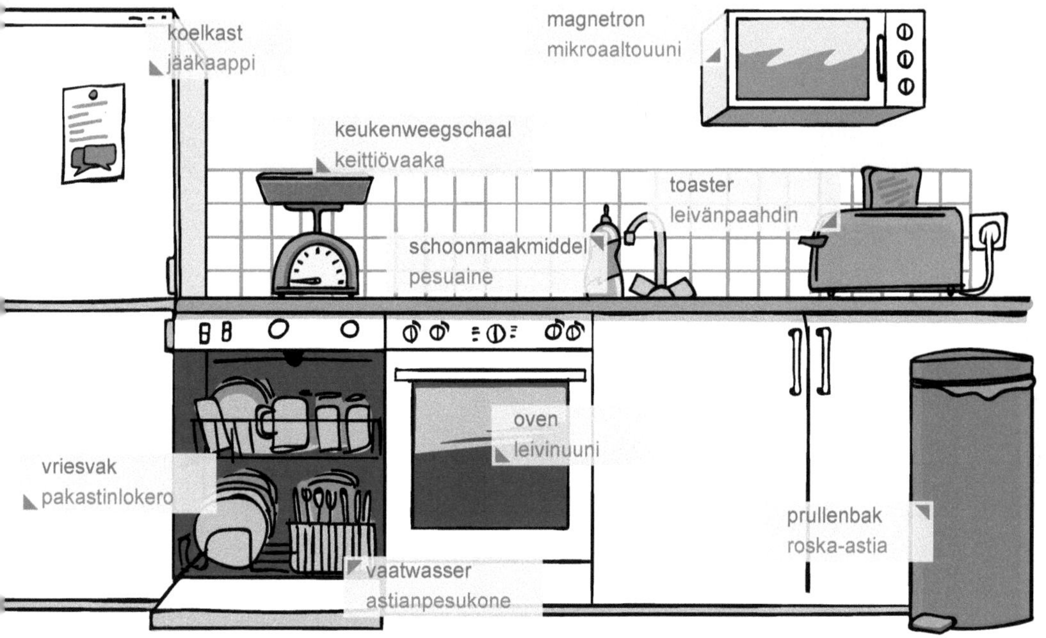

koelkast
jääkaappi

magnetron
mikroaaltouuni

keukenweegschaal
keittiövaaka

toaster
leivänpaahdin

schoonmaakmiddel
pesuaine

oven
leivinuuni

vriesvak
pakastinlokero

prullenbak
roska-astia

vaatwasser
astianpesukone

fornuis

liesi

pan

kattila

gietijzeren pan

rautapata

wok / kadai

vokkipannu / kadai-pannu

koekenpan

paistinpannu

ketel

teepannu

stoomkoker
höyrykeitin

bakplaat
uunipelti

servies
astiat

beker
muki

kom
kulho

eetstokjes
syömäpuikot

soeplepel
kauha

spatel
paistinlasta

garde
vispilä

vergiet
siivilä

zeef
siivilä

rasp
raastin

vijzel
mortteli

barbecue
grilli

vuurhaard
avotuli

snijplank
leikkuulauta

deegroller
kaulin

kurkentrekker
korkinavaaja

blik
purkki

blikopener
purkinavaaja

pannenlap
pannulappu

wasbak
lavuaari

borstel
tiskiharja

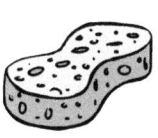

spons
pesusieni

blender
tehosekoitin

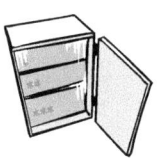

vriezer
pakastin

babyflesje
tuttipullo

kraan
vesihana

badkamer
kylpyhuone

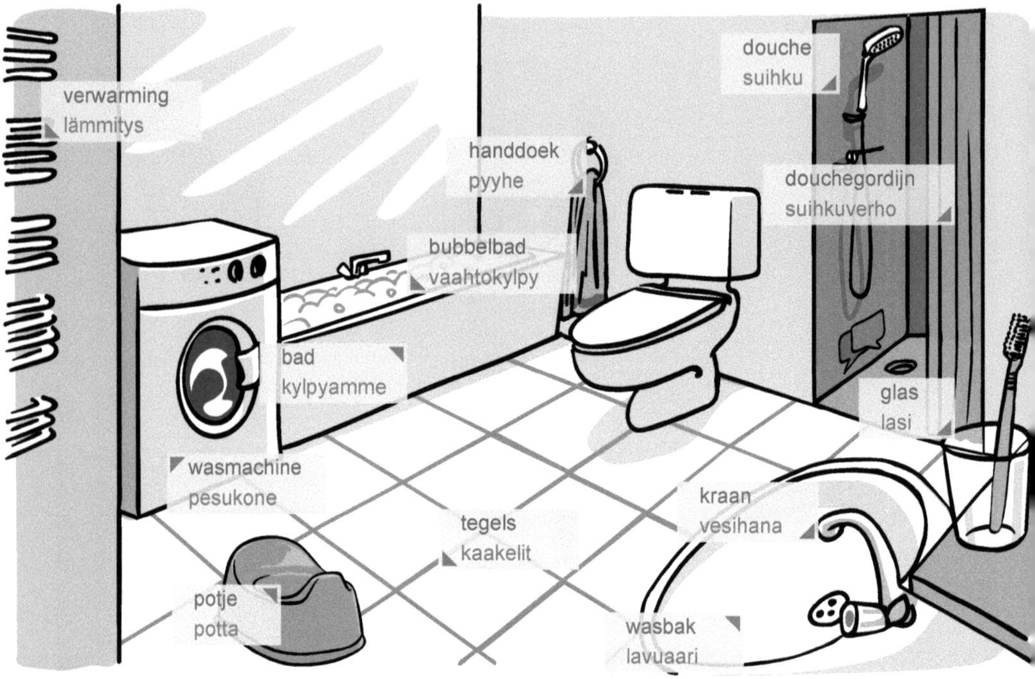

verwarming
lämmitys
douche
suihku
handdoek
pyyhe
douchegordijn
suihkuverho
bubbelbad
vaahtokylpy
bad
kylpyamme
glas
lasi
wasmachine
pesukone
kraan
vesihana
tegels
kaakelit
potje
potta
wasbak
lavuaari

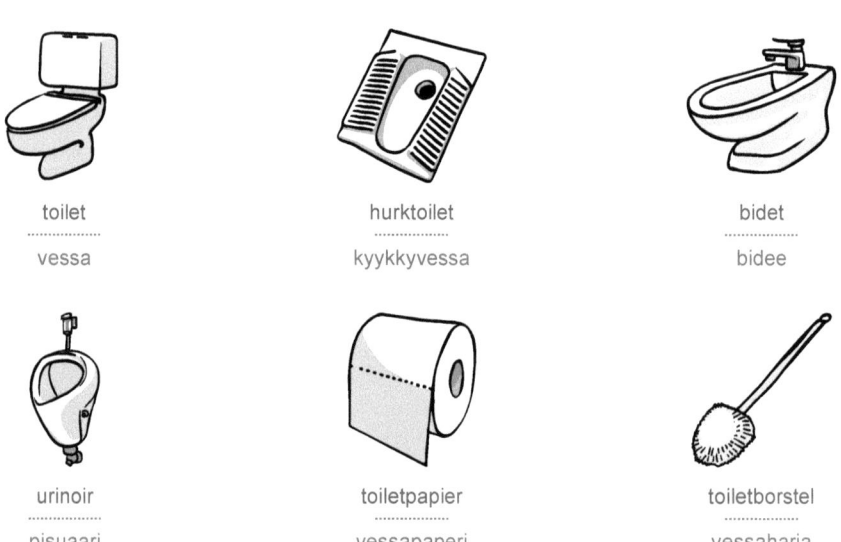

toilet
vessa

hurktoilet
kyykkyvessa

bidet
bidee

urinoir
pisuaari

toiletpapier
vessapaperi

toiletborstel
vessaharja

tandenborstel

hammasharja

tandpasta

hammastahna

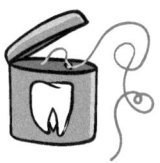

flosdraad

hammaslanka

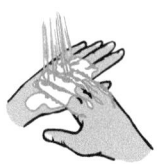

wassen

pestä

handdouche

käsisuihku

toiletdouche

intiimisuihku

waskom

pesuvati

rugborstel

selkäharja

zeep

saippua

douchegel

suihkugeeli

shampoo

shampoo

washanje

pesulappu

afvoer

viemäri

creme

voide

deodorant

deodorantti

spiegel

peili

make-upspiegel

käsipeili

scheermes

partaveitsi

scheerschuim

partavaahto

aftershave

partavesi

kam

kampa

borstel

harja

haardroger

hiustenkuivaaja

haarspray

hiuslakka

make-up

meikki

lippenstift

huulipuna

nagellak

kynsilakka

watten

pumpuli

nagelschaartje

kynsisakset

parfum

hajuvesi

toilettas

kosmetiikkalaukku

kruk

jakkara

weegschaal

vaaka

badjas

kylpytakki

rubber handschoenen

kumihansikkaat

tampon

tamponi

maandverband

terveysside

chemisch toilet

kemiallinen wc

kinderkamer
lastenhuone

wekker
herätyskello
knuffeldier
pehmolelu
speelgoedauto
leikkiauto
rammelaar
helistin
poppenhuis
nukkekoti
cadeau
lahja

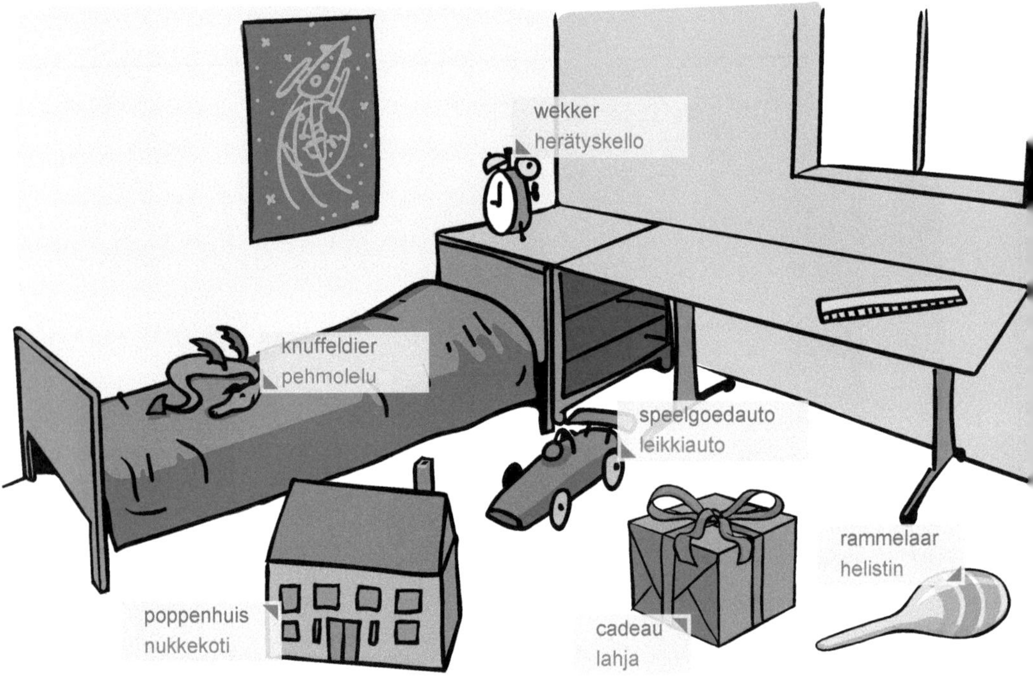

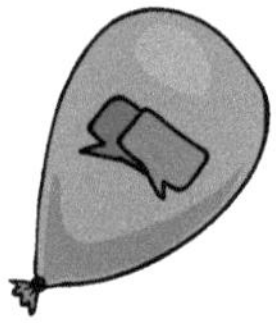

ballon
ilmapallo

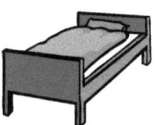

bed
sänky

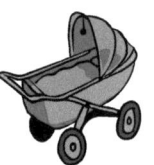

kinderwagen
lastenvaunut

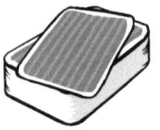

kaartspel
korttipeli

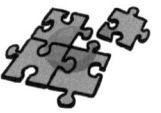

puzzel
palapeli

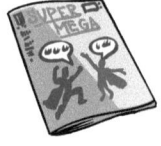

stripverhaal
sarjakuva

legostenen

legopalikat

speelgoedblokken

rakennuspalikat

actiefiguurtje

supersankari

romper

potkupuku

frisbee

frisbee

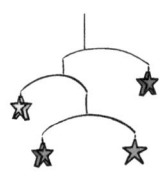

mobile

mobile

bordspel

lautapeli

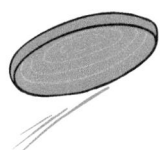

dobbelsteen

noppa

modeltrein

pienoisjunarata

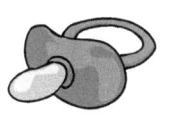

speen

tutti

feestje

juhlat

prentenboek

kuvakirja

bal

pallo

pop

nukke

spelen

leikkiä

zandbak

hiekkalaatikko

schommel

keinu

speelgoed

lelut

spelcomputer

pelikonsoli

driewieler

kolmipyörä

teddybeer

nalle

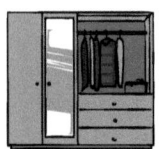

kleerkast

vaatekaappi

kleding

vaatteet

sokken

sukat

kousen

nylonsukat

panty

sukkahousut

sjaal
kaulaliina

paraplu
sateenvarjo

T-shirt
t-paita

riem
vyö

laarzen
saappaat

pantoffels
sisätossut

sportschoenen
lenkkarit

sandalen
sandaalit

schoenen
kengät

rubberlaarzen
kumisaappaat

onderbroek
alushousut

beha
rintaliivit

onderhemd
aluspaita

body

body

broek

housut

spijkerbroek

farkut

rok

hame

blouse

pusero

overhemd

paita

trui

villapaita

hoody

collegepaita

blazer

jakku

jas

takki

mantel

takki

regenjas

sadetakki

kostuum

puku

jurk

mekko

trouwjurk

hääpuku

pak

puku

nachthemd

yöpaita

pyjama

pyjama

sari

shari

hoofddoek

päähuivi

tulband

turbaani

boerka

burka

kaftan

kaftaani

abaja

abaya

zwempak

uimapuku

zwembroek

uimahousut

korte broek

shortsit

trainingspak

verkkarit

schort

esiliina

handschoenen

käsineet

knoop

nappi

bril

silmälasit

armband

rannekoru

ketting

kaulakoru

ring

sormus

oorbel

korvakoru

pet

lippalakki

kledinghanger

ripustin

hoed

hattu

stropdas

solmio

rits

vetoketju

helm

kypärä

bretels

henkselit

schooluniform

koulupuku

uniform

univormu

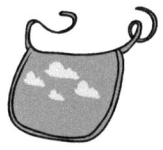

slabbetje

ruokalappu

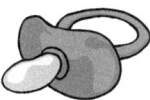

speen

tutti

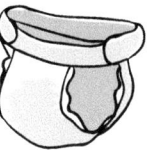

luier

vaippa

kantoor
toimisto

server
palvelin
archiefkast
asiakirjakaappi
papier
paperi
printer
tulostin
beeldscherm
näyttö
bureau
kirjoituspöytä
muis
hiiri
map
kansio
toetsenbord
näppäimistö
prullenmand
roskakori
computer
tietokone
stoel
tuoli

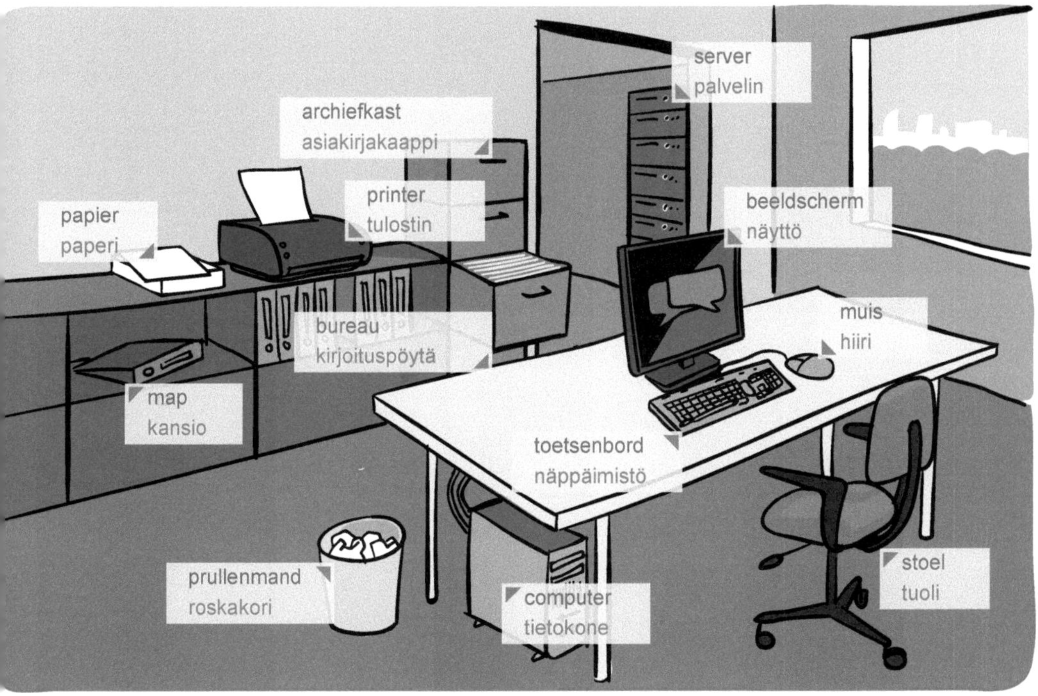

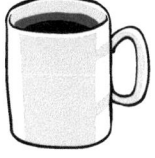

koffiemok

kahvimuki

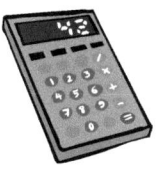

rekenmachine

taskulaskin

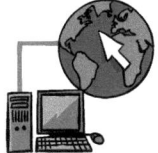

internet

internet

laptop

kannettava tietokone

brief

kirje

bericht

viesti

mobiele telefoon

kännykkä

netwerk

verkko

kopieermachine

kopiokone

software

ohjelmisto

telefoon

puhelin

stopcontact

pistorasia

fax

faksi

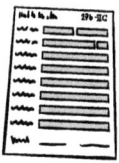

formulier

lomake

document

asiakirja

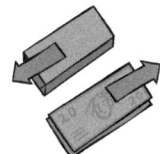

kopen

ostaa

betalen

maksaa

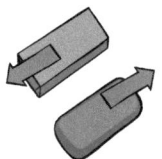

handel drijven

vaihtaa

geld

raha

dollar

dollari

euro

euro

yen

jeni

roebel

rupla

Zwitserse frank

frangi

renminbi yuan

renminbi juan

roepie

rupia

geldautomaat

pankkiautomaatti

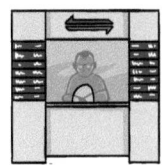

wisselkantoor

rahanvaihto

goud

kulta

zilver

hopea

olie

öljy

energie

energia

prijs

hinta

contract

sopimus

belasting

vero

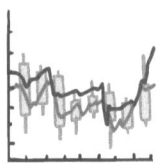

aandeel

osake

werken

työskennellä

werknemer

työntekijä

werkgever

työnantaja

fabriek

tehdas

winkel

liike

politieagent
poliisi

brandweerman
palomies

kok
kokki

dokter
lääkäri

piloot
lentäjä

tuinman

puutarhuri

timmerman

puuseppä

naaister

ompelija

rechter

tuomari

scheikundige

kemisti

toneelspeler

näyttelijä

buschauffeur

linja-autonkuljettaja

taxichauffeur

taksinkuljettaja

visser

kalastaja

schoonmaakster

siivooja

dakdekker

katontekijä

ober

tarjoilija

jager

metsästäjä

schilder

maalari

bakker

leipuri

elektricien

sähköasentaja

bouwvakker

rakentaja

ingenieur

insinööri

slager

teurastaja

loodgieter

putkiasentaja

postbode

postinjakaja

soldaat
sotilas

architect
arkkitehti

kassier
kassanhoitaja

bloemist
floristi

kapper
kampaaja

conducteur
konduktööri

monteur
mekaanikko

kapitein
kapteeni

tandarts
hammaslääkäri

wetenschapper
tiedemies

rabbi
rabbi

imam
imaami

monnik
munkki

pastoor
pappi

gereedschap
työkalut

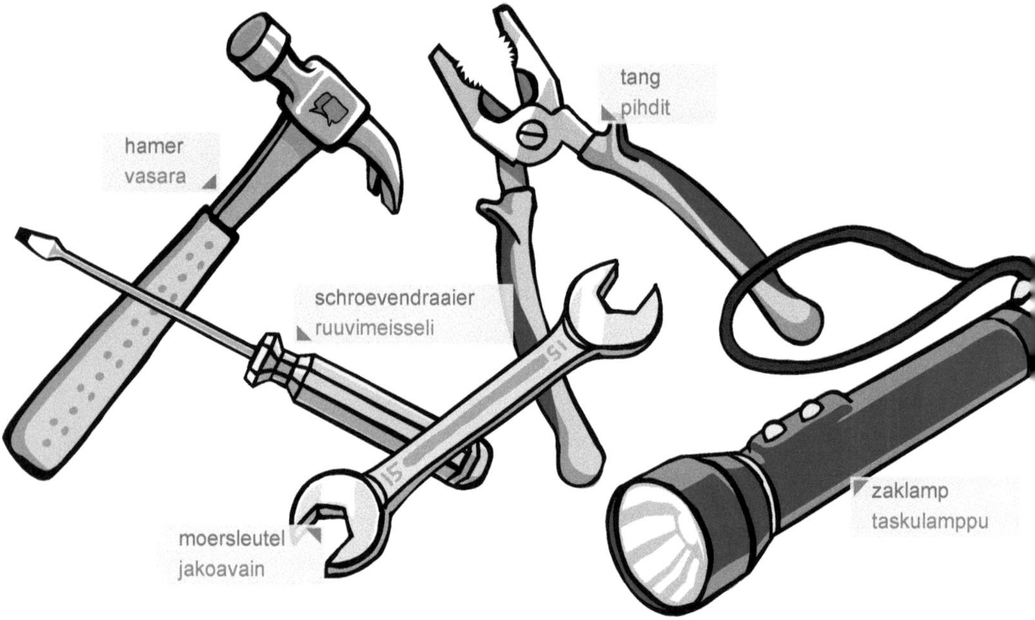
hamer
vasara
tang
pihdit
schroevendraaier
ruuvimeisseli
moersleutel
jakoavain
zaklamp
taskulamppu

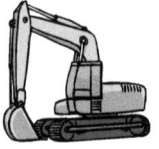

graafmachine

kaivinkone

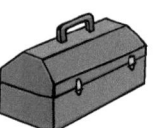

gereedschapskist

työkalupakki

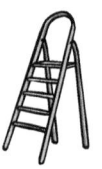

ladder

tikkaat

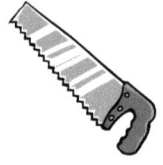

zaag

saha

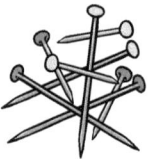

spijkers

naulat

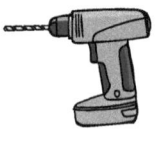

boor

pora

repareren
korjata

schep
lapio

Verdorie!
Hitto!

stofblik
rikkalapio

verfpot
maalipurkki

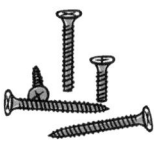

schroeven
ruuvit

muziekinstrumenten
soittimet

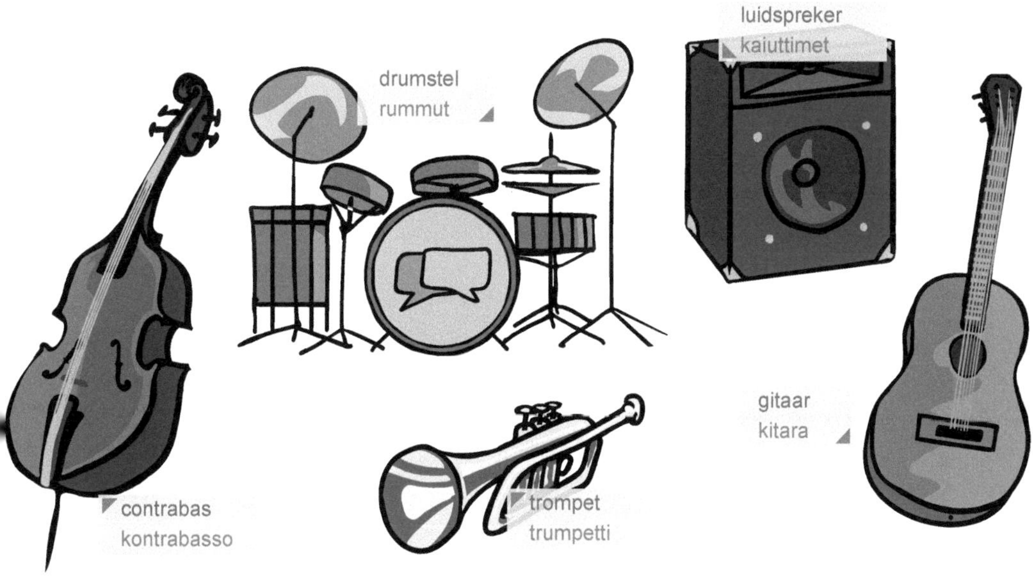

drumstel
rummut

luidspreker
kaiuttimet

gitaar
kitara

contrabas
kontrabasso

trompet
trumpetti

piano

piano

viool

viulu

bas

basso

pauk

patarummut

trommel

rumpu

keyboard

kosketinsoitin

saxofoon

saksofoni

fluit

huilu

microfoon

mikrofoni

dierentuin
eläintarha

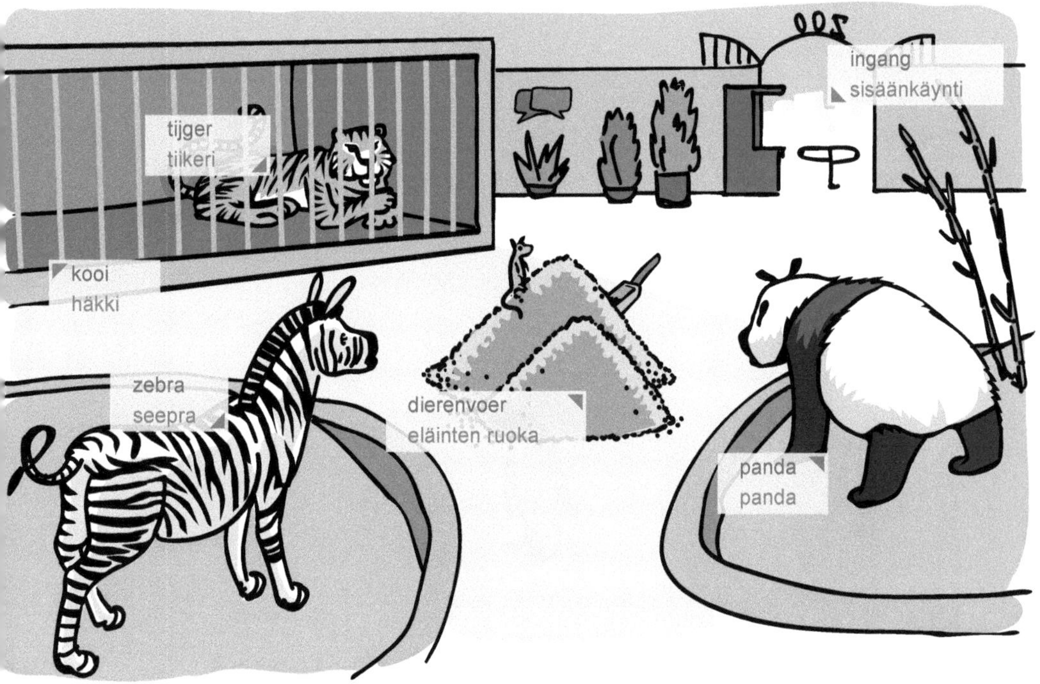
zoo
ingang
sisäänkäynti
tijger
tiikeri
kooi
häkki
zebra
seepra
dierenvoer
eläinten ruoka
panda
panda

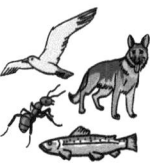

dieren

eläimet

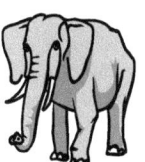

olifant

norsu

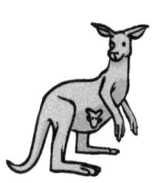

kangoeroe

kenguru

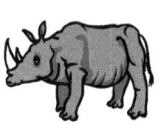

neushoorn

sarvikuono

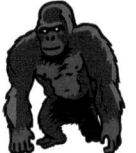

gorilla

gorilla

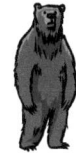

beer

karhu

kameel

kameli

struisvogel

strutsi

leeuw

leijona

aap

apina

flamingo

flamingo

papegaai

papukaija

ijsbeer

jääkarhu

pinguïn

pingviini

haai

hai

pauw

riikinkukko

slang

käärme

krokodil

krokotiili

dierenverzorger

eläintarhanhoitaja

zeehond

hylje

jaguar

jaguaari

pony
poni

luipaard
leopardi

nijlpaard
virtahepo

giraffe
kirahvi

adelaar
kotka

wild zwijn
villisika

vis
kala

schildpad
kilpikonna

walrus
mursu

vos
kettu

gazelle
gaselli

American football
amerikkalainen jalkapallo

wielrennen
pyöräily

tennis
tennis

basketbal
koripallo

zwemmen
uinti

ijshockey
jääkiekko

boksen
nyrkkeily

voetbal
jalkapallo

badminton
sulkapallo

atletiek
yleisurheilu

handbal
käsipallo

skiën
hiihto

polo
poolo

activiteiten
aktiviteetit

lachen
nauraa
springen
hypätä
knuffelen
halata
lopen
kävellä
zingen
laulaa
dromen
unelmoida
bidden
rukoilla
kussen
suudella

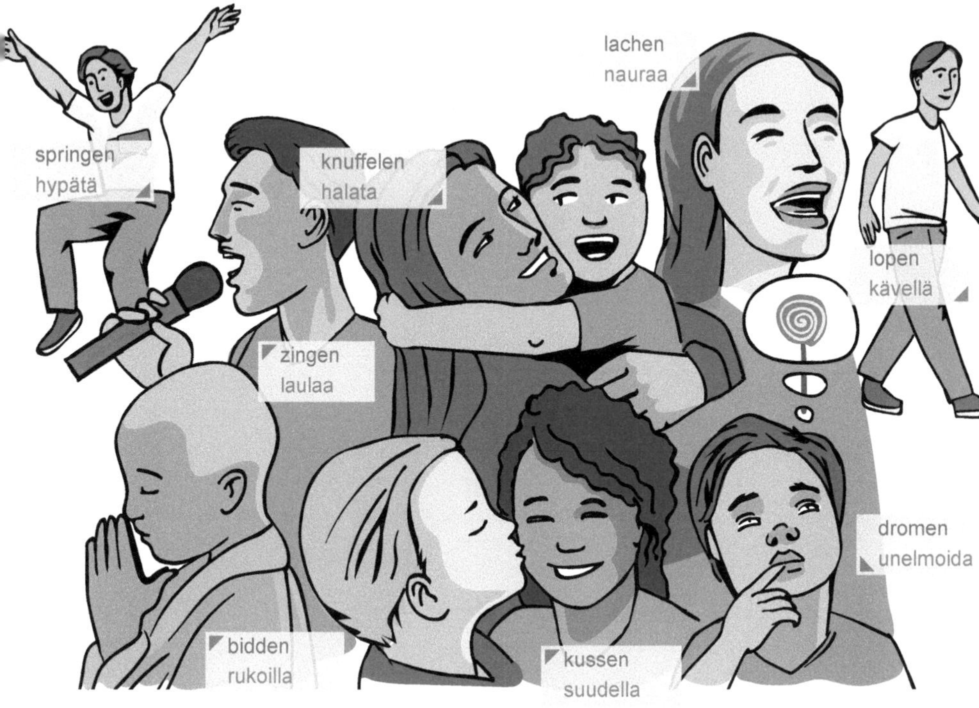

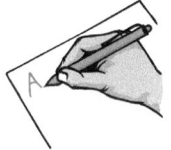

schrijven
kirjoittaa

tekenen
piirtää

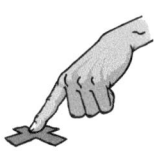

tonen
näyttää

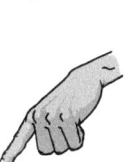

duwen
painaa

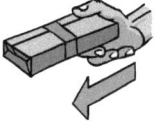

geven
antaa

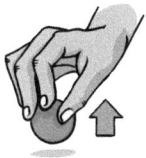

oppakken
ottaa

hebben

omistaa

doen

tehdä

zijn

olla

staan

seisoa

rennen

juosta

trekken

vetää

gooien

heittää

vallen

kaatua

liggen

maata

wachten

odottaa

dragen

kantaa

zitten

istua

aankleden

pukeutua

slapen

nukkua

wakker worden

herätä

bekijken

katsoa

huilen

itkeä

strelen

silittää

kammen

kammata

praten

puhua

begrijpen

ymmärtää

vragen

kysyä

horen

kuunnella

drinken

juoda

eten

syödä

opruimen

siivota

houden van

rakastaa

koken

keittää

rijden

ajaa

vliegen

lentää

zeilen

purjehtia

rekenen

laskea

lezen

lukea

leren

oppia

werken

työskennellä

trouwen

mennä naimisiin

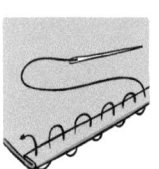

naaien

ommella

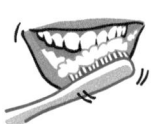

tandenpoetsen

pestä hampaat

doden

tappaa

roken

tupakoida

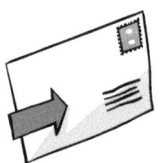

verzenden

lähettää

66   activiteiten - aktiviteetit

grootmoeder
mummo

grootvader
ukki

vader
isä

moeder
äiti

baby
vauva

dochter
tytär

zoon
poika

gast
vieras

tante
täti

oom
setä

broer
veli

zus
sisko

lichaam

vartalo

voorhoofd
otsa
oog
silmä
schouder
olkapää
vinger
sormet
gezicht
kasvot
kin
leuka
hand
käsi
borst
rinta
been
jalka
arm
käsivarsi

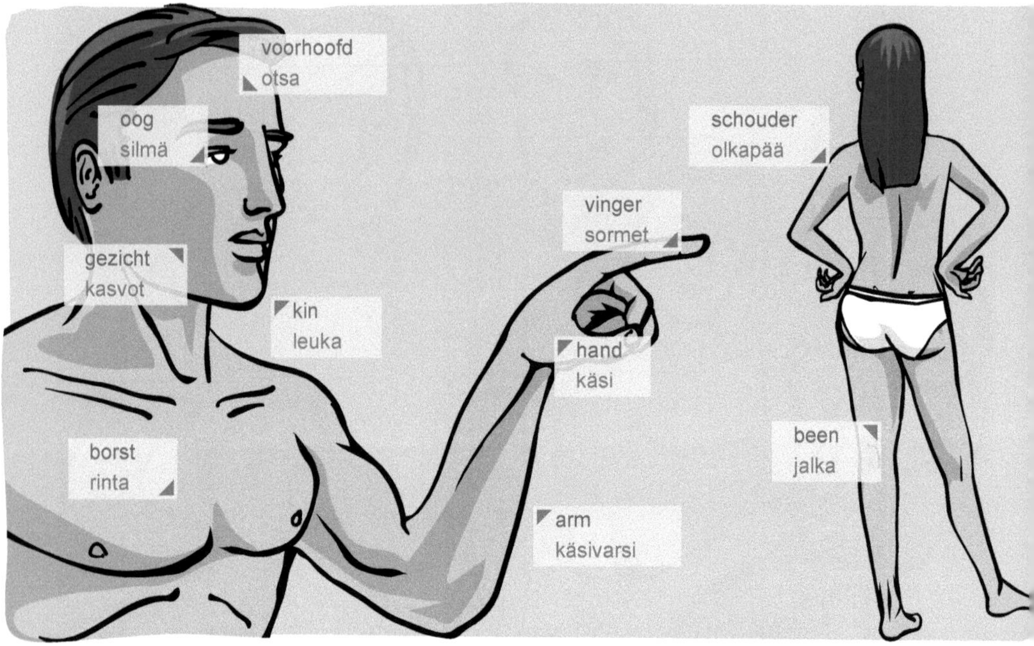

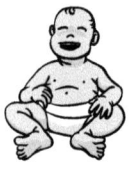

baby
vauva

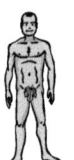

man
mies

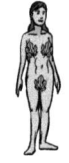

vrouw
nainen

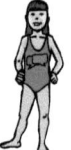

meisje
tyttö

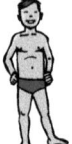

jongen
poika

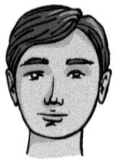

hoofd
pää

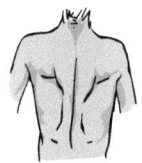	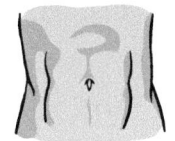	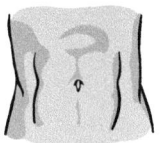
rug	buik	navel
selkä	maha	napa
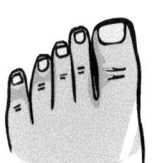	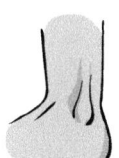	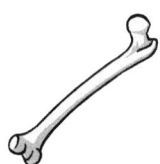
teen	hiel	bot
varvas	kantapää	luu
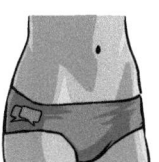		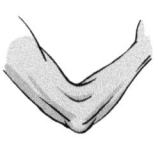
heup	knie	elleboog
lantio	polvi	kyynärpää
	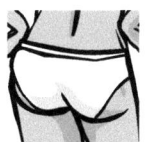	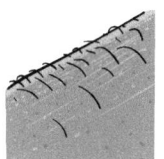
neus	achterwerk	huid
nenä	takapuoli	iho
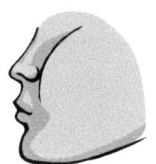	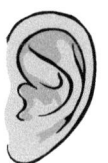	
wang	oor	lippen
poski	korva	huuli

mond
suu

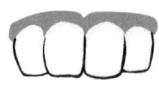

tand
hammas

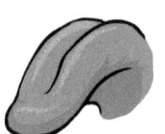

tong
kieli

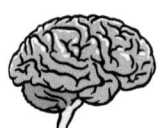

hersenen
aivot

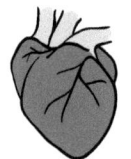

hart
sydän

spier
lihas

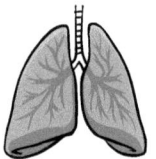

long
keuhkot

lever
maksa

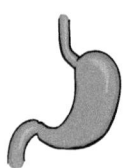

maag
vatsa

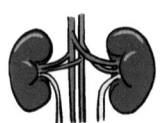

nieren
munuaiset

geslachtsgemeenschap
seksi

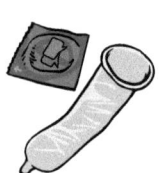

condoom
kondomi

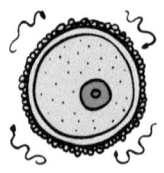

eicel
munasolu

sperma
sperma

zwangerschap
raskaus

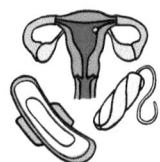

menstruatie

kuukautiset

vagina

vagina

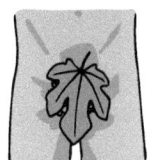

penis

penis

wenkbrauw

kulmakarvat

haar

hiukset

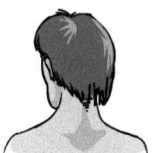

hals

niska

ziekenhuis
sairaala

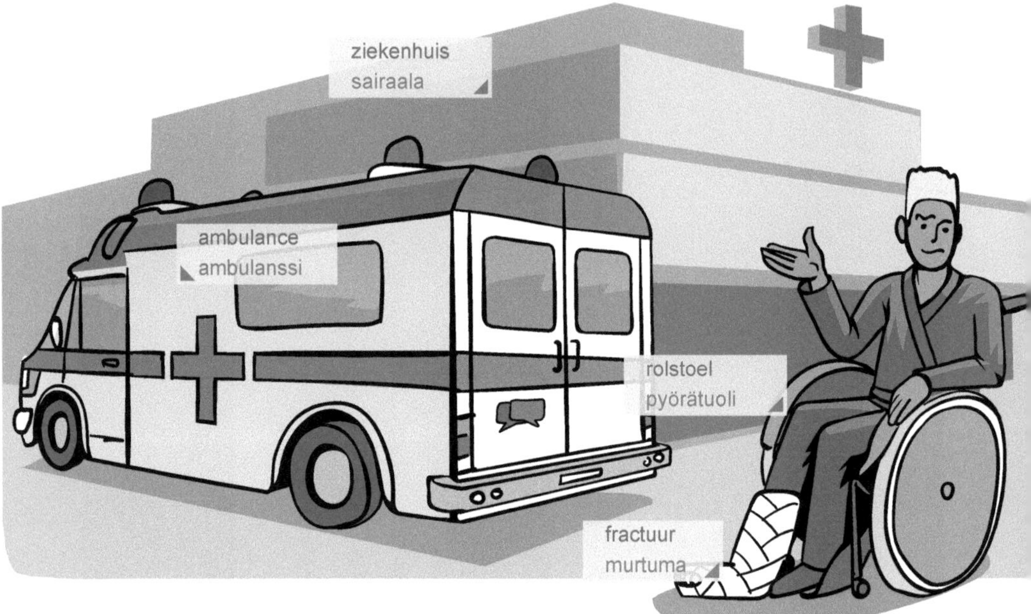

ziekenhuis
sairaala
ambulance
ambulanssi
rolstoel
pyörätuoli
fractuur
murtuma

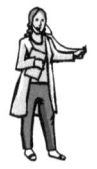

dokter
lääkäri

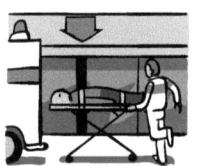

EHBO
ensiapu

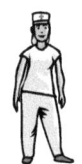

verpleegster
sairaanhoitaja

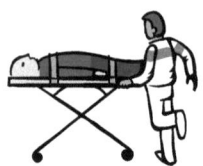

noodgeval
hätätilanne

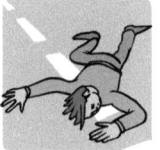

bewusteloos
tajuton

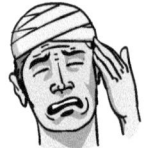

pijn
kipu

verwonding

vamma

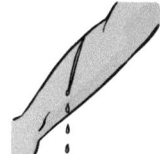

bloeding

verenvuoto

hartaanval

sydänkohtaus

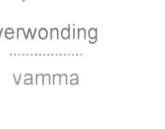

beroerte

aivoinfarkti

allergie

allergia

hoest

yskä

koorts

kuume

griep

flunssa

diarree

ripuli

hoofdpijn

päänsärky

kanker

syöpä

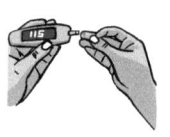

diabetes

diabetes

chirurg

kirurgi

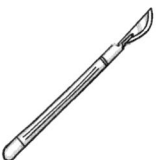

scalpel

veitsi

operatie

leikkaus

CT
ct

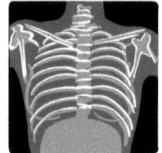

röntgen
röntgen

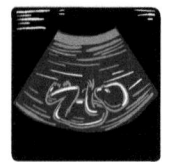

echografie
ultraääni

gezichtsmasker
maski

ziekte
sairaus

wachtkamer
odotushuone

kruk
sauva

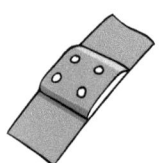

pleister
laastari

verband
side

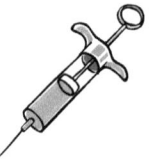

injectie
pistos

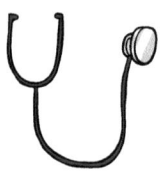

stethoscoop
stetoskooppi

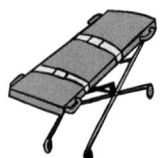

brancard
paarit

thermometer
kuumemittari

geboorte
syntymä

overgewicht
ylipaino

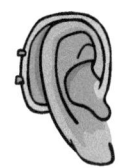

gehoorapparaat
kuulolaite

ontsmettingsmiddel
desinfiointiaine

infectie
infektio

virus
virus

HIV / AIDS
HIV / AIDS

medicijn
lääke

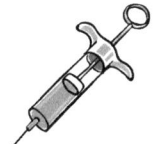

inenting
rokotus

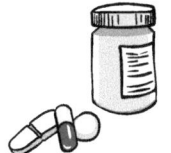

tabletten
tabletit

pil
pilleri

alarmnummer
hätäpuhelu

bloeddrukmeter
verenpainemittari

ziek / gezond
sairas / terve

Help!

Apua!

alarm

hälytys

overval

ryöstö

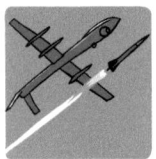

aanval

hyökkäys

gevaar

vaara

nooduitgang

hätäuloskäynti

Brand!

Tulipalo!

brandblusser

palosammutin

ongeluk

onnettomuus

EHBO-koffer

ensiapulaukku

SOS

SOS

politie

poliisilaitos

Europa

Eurooppa

Noord-Amerika

Pohjois-Amerikka

Zuid-Amerika

Etelä-Amerikka

Afrika

Afrikka

Azië

Aasia

Australië

Australia

Atlantische Oceaan

Atlantin valtameri

Stille Oceaan

Tyynimeri

Indische Oceaan

Intian valtameri

Zuidelijke Oceaan

Eteläinen jäämeri

Noordelijke IJszee

Pohjoinen jäämeri

Noordpool

pohjoisnapa

Zuidpool

etelänapa

Antarctica

Antarktis

aarde

maa

land

maa

zee

meri

eiland

saari

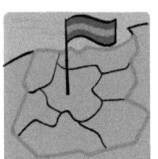

natie

kansa

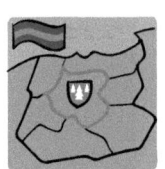

staat

osavaltio

wijzerplaat
kellotaulu

uurwijzer
tuntiviisari

minutenwijzer
minuuttiviisari

secondewijzer
sekuntiviisari

Hoe laat is het?
Paljonko kello on?

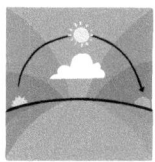

dag
päivä

tijd
aika

nu
nyt

digitaal horloge
digitaalikello

minuut
minuutti

uur
tunti

week

viikko

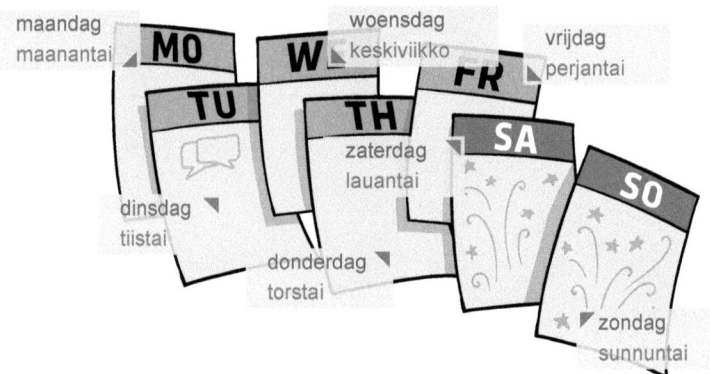

maandag
maanantai

woensdag
keskiviikko

vrijdag
perjantai

dinsdag
tiistai

zaterdag
lauantai

donderdag
torstai

zondag
sunnuntai

gisteren

eilen

vandaag

tänään

morgen

huomenna

ochtend

aamu

middag

keskipäivä

avond

ilta

werkdagen

työpäivät

weekend

viikonloppu

jaar
vuosi

regen
sade
regenboog
sateenkaari
wind
tuuli
sneeuw
lumi
voorjaar
kevät
herfst
syksy
zomer
kesä
winter
talvi

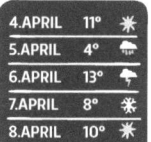

4.APRIL 11°
5.APRIL 4°
6.APRIL 13°
7.APRIL 8°
8.APRIL 10°

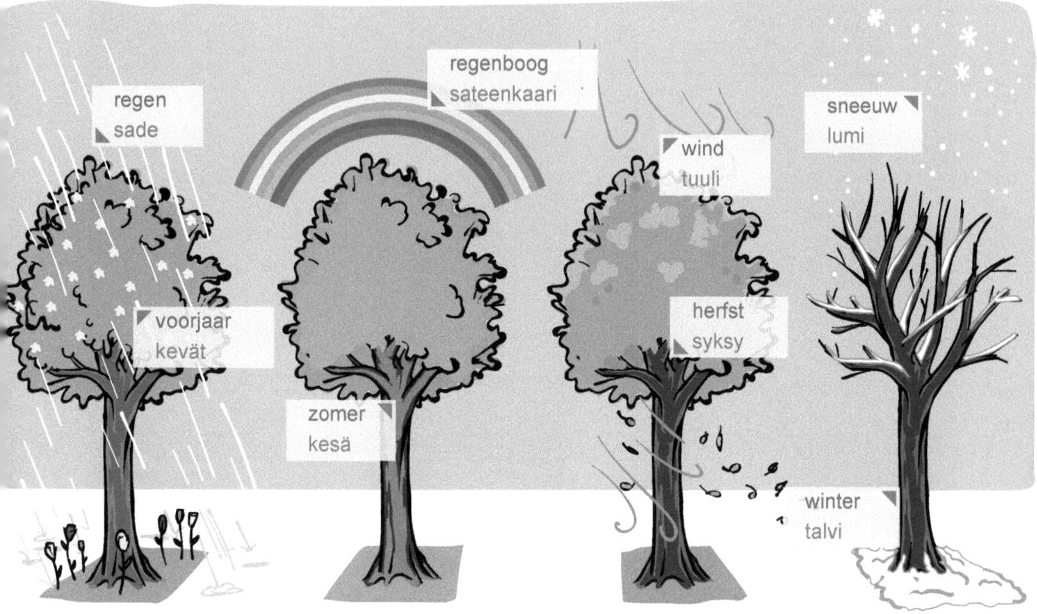

weerbericht

sääennuste

F C
120 40
90 30
60 20
30 10
0 0
-30 -10
-20

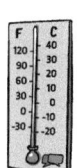

thermometer

lämpömittari

zonneschijn

auringonpaiste

wolk

pilvi

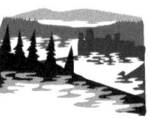

mist

sumu

luchtvochtigheid

ilmankosteus

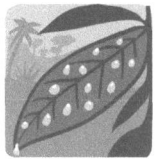

bliksem

salama

donder

ukkonen

storm

myrsky

hagel

rae

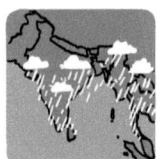

moesson

monsuuni

overstroming

tulva

ijs

jää

januari

tammikuu

februari

helmikuu

maart

maaliskuu

april

huhtikuu

mei

toukokuu

juni

kesäkuu

juli

heinäkuu

augustus

elokuu

jaar - vuosi

september
syyskuu

oktober
lokakuu

november
marraskuu

december
joulukuu

vormen
muodot

cirkel
ympyrä

vierkant
neliö

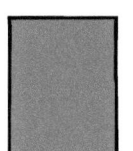

rechthoek
suorakulmio

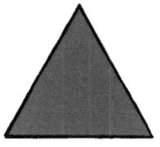

driehoek
kolmio

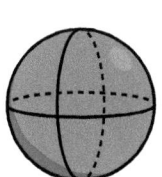

bol
pallo

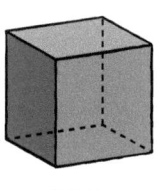

kubus
kuutio

wit

valkoinen

geel

keltainen

oranje

oranssi

roze

vaaleanpunainen

rood

punainen

paars

violetti

blauw

sininen

groen

vihreä

bruin

ruskea

grijs

harmaa

zwart

musta

veel / weinig

paljon / vähän

boos / rustig

vihainen / ystävällinen

mooi / lelijk

kaunis / ruma

begin / einde

alku / loppu

groot / klein

suuri / pieni

licht / donker

vaalea / tumma

broer / zus

veli / sisko

schoon / vies

puhdas / likainen

volledig / onvolledig

täydellinen / epätäydellinen

dag/ nacht

päivä / yö

dood / levend

kuollut / elävä

breed / smal

leveä / kapea

eetbaar / oneetbaar

syötävä / syömäkelvoton

gemeen / aardig

paha / kiltti

opgewonden / verveeld

innostunut / tylsistynyt

dik / dun

lihava / laiha

eerste / laatste

ensimmäinen / viimeinen

vriend / vijand

ystävä / vihollinen

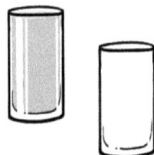

vol / leeg

täysi / tyhjä

hard / zacht

kova / pehmeä

zwaar / licht

painava / kevyt

honger / dorst

nälkä / jano

ziek / gezond

sairas / terve

illegaal / legaal

laiton / laillinen

intelligent / dom

älykäs / tyhmä

links / rechts

vasen / oikea

dichtbij / ver

lähellä / kaukana

nieuw / gebruikt

uusi / käytetty

niets / iets

ei mitään / jotain

oud / jong

vanha / nuori

aan / uit

päällä / pois päältä

open / gesloten

auki / kiinni

zacht / luid

hiljainen / äänekäs

rijk / arm

rikas / köyhä

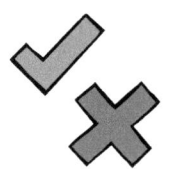

goed / fout

oikein / väärin

ruw / glad

karhea / sileä

verdrietig / gelukkig

surullinen / iloinen

kort / lang

lyhyt / pitkä

langzaam / snel

hidas / nopea

nat / droog

märkä / kuiva

warm / koel

lämmin / viileä

oorlog / vrede

sota / rauha

0	**1**	**2**
nul	één	twee
nolla	yksi	kaksi

3	**4**	**5**
drie	vier	vijf
kolme	neljä	viisi

6	**7**	**8**
zes	zeven	acht
kuusi	seitsemän	kahdeksan

9	**10**	**11**
negen	tien	elf
yhdeksän	kymmenen	yksitoista

12

twaalf

kaksitoista

13

dertien

kolmetoista

14

veertien

neljätoista

15

vijftien

viisitoista

16

zestien

kuusitoista

17

zeventien

seitsemäntoista

18

achttien

kahdeksantoista

19

negentien

yhdeksäntoista

20

twintig

kaksikymmentä

100

honderd

sata

1.000

duizend

tuhat

1.000.000

miljoen

miljoona

getallen - numerot

Engels

englanti

Amerikaans Engels

amerikanenglanti

Chinees Mandarijn

mandariinikiina

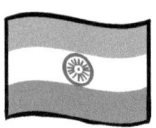

Hindi

hindi

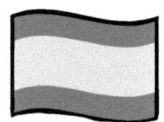

Spaans

espanja

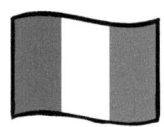

Frans

ranska

Arabisch

arabia

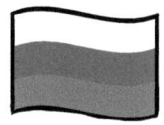

Russisch

venäjä

Portugees

portugali

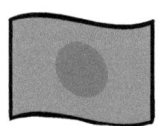

Bengalees

bengali

Duits

saksa

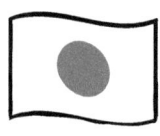

Japans

japani

ik

minä

jij

sinä

hij / zij / het

hän

wij

me

jullie

te

zij

he

wie?

kuka?

wat?

mitä / mikä?

hoe?

miten?

waar?

missä?

wanneer?

milloin?

naam

nimi

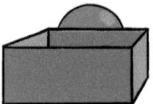

achter
....
takana

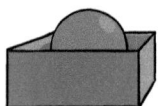

in
....
sisällä

voor
....
edessä

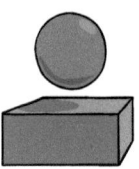

boven
....
yläpuolella

op
....
päällä

onder
....
alapuolella

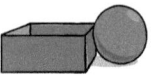

naast
....
vieressä

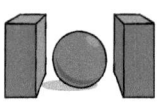

tussen
....
välissä

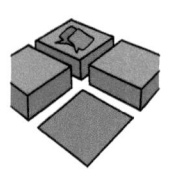

plaats
....
paikka